Pour Florian Harmony et Marty

Numéro du livre dans la collection :

Textes de Bernard Brunstein

© Bernard Brunstein pour les illustrations - http://peinturedebernard.over-blog.com/

Conte pour enfants de

Bernard Brunstein

Illustré par l'auteur

Les Aventures de

Piou......le petit oiseau

L'envol

Piou le petit oiseau
à l'abri dans la ramure, tout la haut.
Attendait sagement,
le retour de ses parents.

Ils étaient allés chercher quelques vers.

Dans le grand pré vert,
pour lui donner à manger.

Tout au fond de son nid,
il regardait les hirondelles.
En se disant un jour, je serais comme elles.
-Je volerais moi aussi!

Mais comment voler,
je n'ai jamais appris.
Sa maman lui répondit:
- Tu verras, il suffira de m'écouter.

Le temps passa,
et le grand jour arriva.
Voila c'est aujourd'hui
qu'il faut quitter le nid.

Mais maman c'est haut!
je vais tomber et me faire bobo.
Ecoute moi: - écarte tes ailes,
comme je t'ai appris.
- Tu t'en rappelle.

Oui mais la tout ce feuillage,
- ferme les yeux et saute.
Piou n'écoutant que son courage
Entendit au loin un merle qui sifflote

Il s'élança hors du nid,
en retenant un cri.
Il sentit l'air qui le chatouillait,
ca y est, il planait.

- Maman ! je vole je vole.
- Je vais pouvoir aller à l'école !
Piou, fit une grande ronde
pour découvrir son monde.

L'école

C'est au mois de septembre
qu'à l'école, il fit sa rentrée.
Le ciel avait la couleur de l'ambre,
mais Piou était prêt.

La maîtresse était Madame la Pie, avec son beau tablier noir et blanc. Le directeur était Chouette et gentil avec tous les enfants.

La maman de Piou lui avait acheté
un beau tablier,
et dans son cartable en cuir doré,
des feutres et du papier.

Quelle belle aventure
il apprit la lecture et l'écriture,
mais ce qu'il préférait.
C'était les cours où il pouvait chanter

Avec madame Rossignol,
il apprit les gammes et les notes.

Pas question de faire le guignol,
avec le surveillant monsieur Hulotte

VILLE DE *Sous-Bois*

**CONSERVATOIRE MUNICIPAL
DE MUSIQUE**

ANNÉE SCOLAIRE *2018*

Le Directeur du Conservatoire, Président du Jury d'examen, déclare qu'une *1ère* mention de *Chant* est décernée à l'élève *Piou*

LE DIRECTEUR

LE MAIRE

Piou sorti premier du conservatoire.
Vous pouvez encore le voir,
le matin quand le jour soulève
et que le soleil déchire la brume et
l'enlève.

Dans son arbre perché,
toute la durée du jour,
il chante avec amour
la vie et la beauté.

Du même auteur

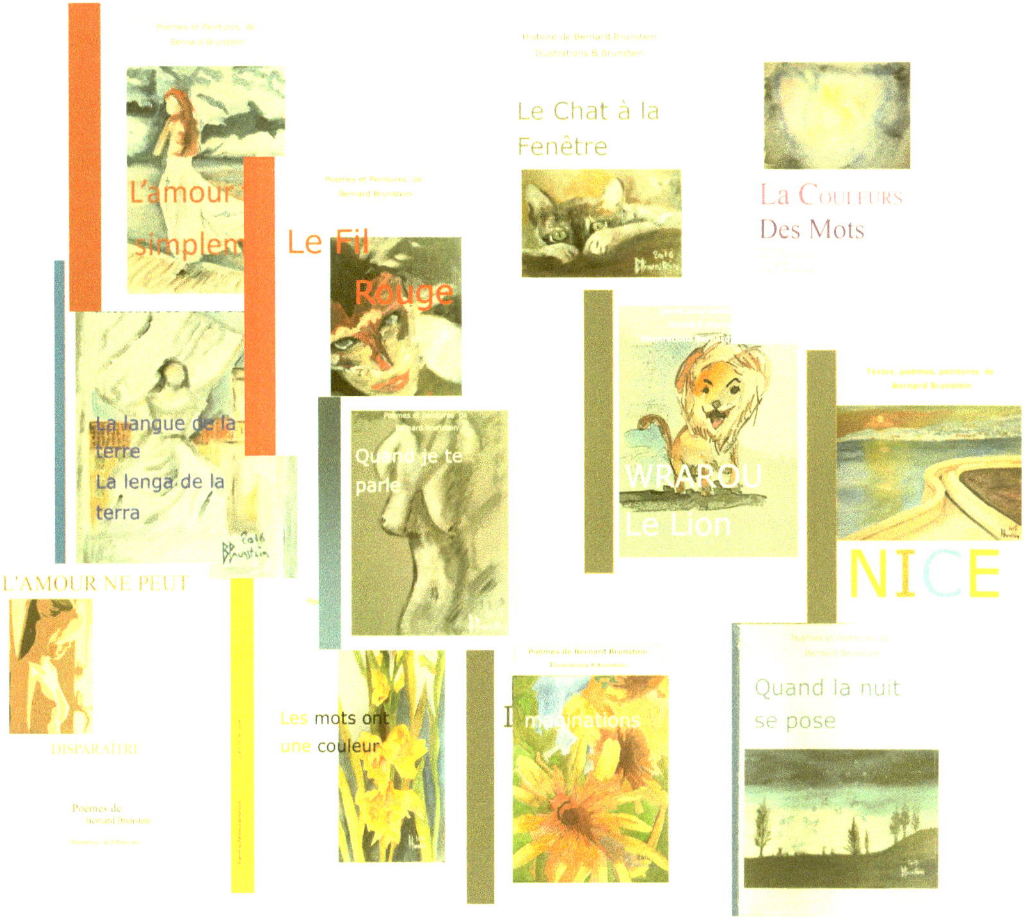
Le Chat à la Fenêtre
Le Fil Rouge
Des Mots
La langue de la terre
La lenga de la terra
Quand je te parle
WRAROU Le Lion
NICE
L'AMOUR NE PEUT
DISPARAÎTRE
Les mots ont une couleur
Quand la nuit se pose

Et avec…

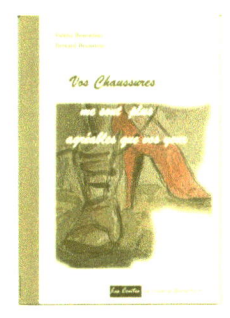

Vos Chaussures
La carpe Diem
POEMES

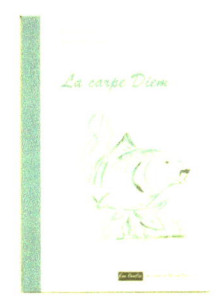

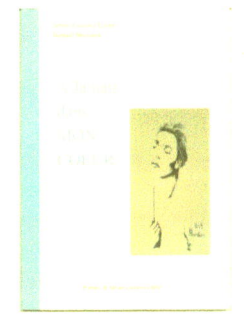

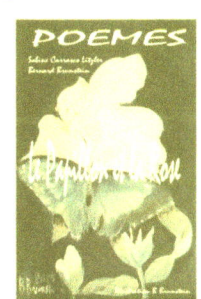

Loi n°49-956 du 16 juillet 1949 sur les publications destinées à la jeunesse, modifiée par la loi n°2011-525 du 17 mai 2011.

© 2018, Bernard Brunstein

Edition : BoD - Books on Demand
12/14 rond-point des Champs Elysées, 75008 Paris
Imprimé par Books on Demand GmbH, Norderstedt, Allemagne
ISBN : 9782322143603
Dépôt légal : juin 2018